Jesus Christus hatte Darmparasiten
Fakten aus den geheimen Archiven der
Kirche 2

AF284905

FSC
www.fsc.org

MIX

Papier aus ver-
antwortungsvollen
Quellen
Paper from
responsible sources

FSC® C105338

Mutter Hautberg

Jesus Christus hatte Darmparasiten

Fakten aus den geheimen Archiven der Kirche 2

Bibliografische Information der Deutschen Nationalbibliothek
Die Deutsche Nationalbibliothek verzeichnet diese Publikation in der Deutschen Nationalbibliografie; detaillierte bibliografische Daten sind im Internet über http://dnb.d-nb.de abrufbar.

ISBN 9783755793342

Copyright (2022) Mutter Hautberg
Herstellung und Verlag: BoD - Books on Demand, Norderstedt
Alle Rechte bei dem Autoren.

7,99 Euro

Mutter Hautberg hat einiges in Kauf genommen um mit Ihnen diese Informationen zu teilen. Sie ist über Berg und Tal und Fluss und Meer und hat all dies für Ihre Eigenerkenntnis zusammengetragen.

Weitere Fakten von Jesus. Nach dem Riesenerfolg des Vorbuches hat sich Hautberg wieder aufgemacht. Sie besuchte alte Bekannte und neue Freunde.

Alle hier aufgeschriebenen Fakten über Jesus Christus sind kirchlich verbrieft.

Sie haben Mutter (Keine Kirchenzugehörigkeit) Hautbergs Wort.

Mutter Hautberg

Jesus konnte an seinem Ellenbogen lecken.

Er schlief am liebsten mit einem Menschen als Decke.

Er hatte eine kleine Taschenheizung in seinem Umhang. Einen magischen Feuersalamander der immer lieb brummte, wenn der Heiland ihn berührte.

Jesus hatte einen Papagai namens Coci

Statt Achselhaaren hatte Jesus Glückssträhnen

Jesus Christus war Hobbyjäger

Jesus Christus lebt noch immer. Er wohnt in Bobitz und führt einen gutbesuchten Angelverein.

Jesus nannte sein eigenes Spiegelbild und einen Lieblingssteins (Er hatte 5)"Hans im Stück".

Jesus Christus hatte kein DownSyndrom

Wenn man mit geschlossenen Augen dreimal „Jesus Christus" ruft, so soll er erscheinen. Leider nicht in Wirklichkeit, aber eben im Dunkel der Lider.

Jesus Christus war ganz normaler Deutscher

Wenn Jesus ein Pfau gewesen wäre,
wäre er grau gewesen.

Es gab einen Entwurf für einen Thron für Jesus. Er bestand aus Dörrfleischwänden, einer gedickten Trockenschmalzschicht und Matsche.

Experten suchen immer noch den Bunker
des Heilands. Dieser wurde noch nicht
gefunden, aber er wird in den
Zwischenzeilen der Bibel arg vermutet.
Zum Beispiel als die Panzertiere das
heilige Land überschwemmten und den
Landbewohnern die Luft raubten.
Damals gingen alle unter die Erde. Auch
Jesu.

Die heutige Schirmmütze lehnt an seinem
Heiligenschein an.

Jesu kotzte einmal eine goldene Statue von sich selbst aus.

Jesus hat in seinem Leben nie gelacht, aber als er wiederkehrte, umso mehr.

Jesus schnarchte so stark, dass selbst seine Jünger stets 1 Kilometer weiter schliefen. Somit gestaltete sich aber auch ein Schutzkreis um den Heiland, der ihn stets beschützte.

Jesus redet seit einiger Zeit nicht mehr mit seinem Vater.

Jesus Christus hatte einmal Ehestreit. Er hatte sich mit Kraft des Überamtes mit einem Stein vermählt und diesen über einen See flitschen lassen. Dabei warf er mit dem Finger angelehnt an eine Steinunebenheit und ratschte sich alles auf. Wohlan, war ein Streit entbrannt den man noch heute umgangssprachlich SteinStreit nennt.

Jesus Christus trug XXXL

Einmal erschuf er sich selbst noch einmal, damit er in einem Teamspiel mitmachen kann. Dies fand er gerecht, weil ja jeder andere nicht ebenbürtig war.

Er trug ein gelblilanes Fusskettchen aus Menschenknochen.

Jesus hat einmal ein gesamtes Dorf eingatmet. Bis zu seinem Tod blieb dieses verborgen.

Er kannte Mohammed.

Jesus Christus schuldet noch 400 Familien mehrere Milliarden Euro.

„Memme, Memme mit der Rundantenne" riefen ihm die Kinder früher als Schmähung hinterher.

Es gibt eine Version der Bibel, die Jesus ganz alleine geschrieben hat. Der Vatikan hat darauf ein Land gegründet.

Wenn Jesus ganz tief eingeatmet hat, hat er manchmal auch versehentlich die Seelen der Kranken um sich herum mit eingeatmet und die Leute starben.

Heute würde Jesus eher zu Russland
stehen und nicht zu Amerika.

Jesus hatte sein Leben hindurch
Darmparasiten.

Ein Jünger wurde getötet. Jesus meinte später, er habe ihn nie gesehen. Jesus ein Mörder?

Das erste Kreuz, dass je religiös genutzt wurde, fertigte Jesus aus zwei Salzstangen. Dabei meinte er „Mnjamm, Mnjamm" über das wegbissene Stückchen.

Jesus hatte viel zu große Brustwarzen.

Auf seinen Ohrläppchen lebten
Flaumschlangen.

Jesus war an seinen Ohrläppchen kitzlig, aber nur weil die Schlangen immer überreagierten und vor Schreck ins Gehirn krochen und dort Kurzschlüsse verursachten.

Das Zitat: „Irgendwie ist Platzen auch nichts Geiles. Man müsste fortwährend abfließen. Das wäre was" ist nicht von ihm.

Irgendwer hat ihn mal verwechselt mit einem wahllosen Bauern. Da stürzte Jesu zu Himmel, riss eine Wolke vom Firmament formte sie zu Beton und warf 500 Leute tot.

Als Klaus Kinski auf der Bühne über Jesus
schreit, ist er besessen von Jesus.

Wenn man Jesus dreimal hart gegen den Kopf trat, so plusterte er sich stark auf und man konnte ihn als SchwimmInsel für mehr als 40 Menschen nutzen.

Jesus Christus liebt maltezierden auf Instagram

Er hatte einen Leberfleck auf der Zunge. Genau mittig einen langen Strich vom Rachen bis zur Spitze, wo sich der lange Strich aufspreizte. Kurzum, es sah manchmal so aus, als würde der Teufel aus ihm sprechen.

Jesus aß pro Tag 300 Kohlrabis. Diese mussten von Storchen und Großspatzen (Gab es damals noch) eingeflogen werden.

Mit drei Jahren wollte sich Jesus umbringen, weil er noch nicht vier war.

Jesus war 8 Jahre seines Lebens
Eisprinzessin und sein Lieblingsdress
Eiskristalle

Jesus Christus sammelte ja Steine und sein zweiter Stein wurde ihm mal von einem Rinderhirten gegen den Kopf geworfen.

Jesus glaubt selbst übrigens an einen Baumgeist namens Oinken Wartschwapp

Ich wurde in London am Bahnhof einmal von Jesus Christus in einem SushiLaden bedient (Mutter Hautberg)

Bei Fortnite hat Jesus den BananenSkin

Jesus hing mal zwei Tage in einer Palme,
weil er Angst vor einem Stein hatte.
Dieser habe ein grimmiges Gesicht
angedeutet, meinte er damals.

Es gibt Zeugen, die beschwören, dass
Jesus damals Rost angesetzt haben soll.